PETIT
LIVRE D'OR

DES ÉCOLIERS

FAISANT SUITE A TOUS LES OUVRAGES DE LECTURE EN TABLEAUX

ACCOMPAGNÉ

D'UNE MÉTHODE SIMPLE ET FACILE

POUR APPRENDRE A LIRE LES NOMBRES

PAR

FRANÇOIS GIRARD

Instituteur du 1er Degré, auteur de la *Grammaire des Enfants*.

NOTIONS ÉLÉMENTAIRES DE MORALE ET DE RELIGION.
BIENSÉANCE. — HYGIÈNE. — PREMIÈRES CONNAISSANCES.
HISTORIETTES ENFANTINES ILLUSTRÉES DE 10 GRAVURES.

PARIS

LAROUSSE ET BOYER, LIBRAIRES-ÉDITEURS
49, RUE SAINT-ANDRÉ-DES-ARTS, 49

1864

25697

PARIS. — IMP. ÉDOUARD BLOT, RUE SAINT-LOUIS, 46.

PETIT LIVRE · D'OR

I

L'ENFANT LISANT DANS LE PETIT LIVRE D'OR.

Je suis sorti des TABLEAUX; je vais maintenant lire dans le PETIT LIVRE D'OR. Quel bonheur! que je suis content!

On me donnera quelque chose de beau.

Papa m'a souvent dit : « Quand tu seras au Petit Livre d'or, je te ferai un cadeau. »

Qu'est-ce que ce sera que papa me donnera?... Je n'en sais rien; mais ce sera bien joli, sans doute.

Si mon père voulait m'acheter un tambour comme celui de Paul, je m'amuserais bien !

Et maman, qui m'a aussi promis une récompense, quand je lirais dans le Petit Livre d'or !

Allons! il faut que j'étudie bien, que je m'applique, pour contenter mes parents, et ils m'aimeront beaucoup.

On est heureux, quand on est aimé.

Pour cela, il faut être obéissant, il faut bien travailler, il faut être sage.

Il ne faut pas que je me presse en lisant. Le maître m'a bien recommandé d'aller très-lentement, afin de ne pas me tromper.

Je ferai bien attention également à observer les repos et les inflexions de voix nécessaires.

Arrivé à une *virgule*, je ferai un léger repos.

En arrivant à un *point-virgule*, je baisserai le ton de la voix sur la dernière syllabe, puis j'observerai un léger repos.

Même chose à peu près aux *deux-points*.

Au *point*, je baisserai le ton comme au point-virgule; seulement j'observerai un temps d'arrêt plus sensible.

Je prendrai bien garde aussi à ne pas manquer la liaison des mots.

Par exemple, je lirai : Les enfants sont légers, comme s'il y avait : *Lé zenfants sont légers.*

Je lirai : Il a de nombreux amis, comme s'il y avait : *Il a de nombreu zamis.*

Je lirai : Grand ordre de la Légion d'honneur, comme s'il y avait : *Gran tordre de la Légion d'honneur.*

Je lirai : On a dit que..., comme s'il y avait : *Onna dit que...*

Je lirai : Le bon enfant, comme s'il y avait : *Le bonenfant.*

Je lirai : Un avocat qui plaide, comme s'il y avait : *Unavocat qui plaide.*

Je lirai : Deux ou trois animaux, comme s'il y avait : *Deu zou troi zanimaux.*

Je lirai : Des yeux égarés, comme s'il y avait : *Dé zyeu zégarés.*

Je lirai : Il est trop élégant, comme s'il y avait : *Il est tropélégant.*

Je lirai : J'ai neuf ans et demi, comme s'il y avait : *J'ai neu van zet demi.*

Je lirai : Un long article, comme s'il y avait : *Un lon carticle.*

Je lirai : Il faut en avoir soin, comme s'il y avait : *Il fauten navoir soin.*

Je lirai : Ils étaient en retard, comme s'il y avait : *Il zétaienten retard.*

II

ROSE, MA PETITE CHÈVRE.

(Les lettres penchées indiquent la liaison des mots).

Viens, Rose; viens, ma petite chèvre. Je vais te conduire au champ.

Elle se nomme Rose, ma chèvre; elle est franche et douce comme un agneau.

Quand je l'appelle, elle arrive en

courant, et je lui donne une croûte.

Elle a deux ans, Rose. Elle a déjà bien du lait. Nous en faisons de bons fromages.

Je la conduis dans les chemins, le long des buissons. Elle broute l'herbe des fossés et la feuille de l'aubépine.

Partons, Rose; viens, ma mignonne. Il y a quelque chose pour toi dans mon tablier.

Elle le sent bien : voyez comme elle s'agite autour de moi.

Elle flaire, en levant la patte et me regardant. C'est toujours ainsi que Rose demande, car elle ne peut parler.

Tiens! ma petite chèvre, voici ta ration : deux croûtes... En route, maintenant.

Voilà Rose partie, en gambadant; tantôt allant devant, tantôt suivant la bergère.

1.

Il est quatre heures, nous reviendrons vers sept : tu as le temps de brouter, pauvre Rose.

Au retour, on te traira ; et de ton lait, ce soir, on fera la soupe pour mon petit frère, qui a le rhume.

Rose ne produit encore du lait que pour faire un fromage tous les deux jours ; mais, l'année prochaine, ce sera bien autre chose.

Alors, comme on fera plus de fromages que la famille n'en pourra consommer, on en vendra quelques-uns.

III

LE NID DE FAUVETTE.

— Charles, un petit oiseau qui a la becquée !

— Où est-il ?

— Avance ici... Regarde dans cet arbre, sur cette petite branche, à droite.

— Ah! je le vois. C'est une fauvette. Comme elle est gentille!

— Elle a des petits, car c'est un ver qu'elle tient dans son bec.

— Il faut la veiller et bien remarquer où elle ira : nous trouverons son nid...

— Tiens! la voilà partie. Regarde bien, regarde bien... Elle est entrée dans la haie.

— Bien! courons... C'est dans ce buisson touffu que doit être le nid...

— L'as-tu entendue s'envoler?

— Oui! oui!

— C'est bien là que son nid est placé.

— Cherchons... Le vois-tu?

— Pas encore.

— Écarte donc les branches, et regarde au fond du buisson.

— Je ne vois rien.

— Attends! je vais passer de l'autre côté, moi...

— Eh bien! l'as-tu trouvé?

— Oui! arrive. Il est là au bord de la haie. Il y a des petits.

— Combien y en a-t-il?

— Une, deux, trois, quatre... Il y a cinq petites fauvettes. Viens voir...

— C'est vrai. Elles ne font que sortir de l'œuf; elles n'ont encore que la peau... Comme elles ouvrent le bec!

— N'y touche pas, n'y touche pas: il ne faut pas les déranger.

— Partons. Laissons vivre en paix ces petits êtres, qui gazouillent si bien, quand ils sont grands.

— Qu'en ferions-nous, au surplus ? Dès ce soir, ils seraient morts, si nous les prenions.

— Et leur mère serait bien chagrine, elle qui prend tant de peine pour les élever.

IV

LA PETITE SOPHIE.

— Quel est ton nom, ma petite demoiselle ?

— Madame, je m'appelle Sophie.

Sophie est une petite fille bien aimable, bien gentille.

Elle répond toujours poliment aux questions qui lui sont faites.

— Quel âge as-tu, Sophie ?

— J'ai sept ans passés, madame. Dans trois mois, j'aurai huit ans.

— Tu vas en classe, Sophie ?

2

— Oui, madame, tous les jours;
mais aujourd'hui, jeudi, je suis restée
à la maison, et je vais faire une
commission pour maman.

— Et tu sais lire, sans doute?

— Oui, madame : j'apprends des
leçons et je fais des devoirs.

— N'es-tu jamais punie, en classe?

— Je n'ai été punie qu'une seule
fois, madame.

— Qu'avais-tu donc fait, ma fille,
pour mériter une punition?

— Oh! madame, je méritais bien
d'être punie : j'avais tout barbouillé
d'encre mon catéchisme.

— Et il a fallu t'en acheter un
autre?

— Oui, madame, car il y avait plusieurs mots qu'on ne pouvait plus lire.

Maintenant, je prends bien garde
de n'être pas punie.

— C'est très-bien, ma petite Sophie. Continue d'être sage. Le jeudi est un jour de congé, et tu restes à la maison, dis-tu, ce jour-là : à quoi t'occupes-tu, le jeudi, Sophie?

— La besogne ne me manque pas, madame. J'aide à maman : je balaye la chambre; j'essuie la vaisselle.

Je donne à manger aux poules et aux canards; je vais à la fontaine emplir la cruche.

Je raccommode le linge; je tricote quelquefois, et je commence à broder.

Puis, je vais au jardin chercher de l'herbe pour les lapins. En ce moment nous en avons dix : le père, la mère, et huit petits lapins.

Il y en a trois qui sont blancs comme la neige.

Enfin, le soir, j'épluche la salade pour le dîner, et je mets le couvert.

V

LA POULE ET SES POUSSINS.

Madeleine avait mis quatorze œufs sous sa poule, qui gloussait, qui voulait couver.

La poule couve depuis trois semaines environ. Sous peu, les poussins vont naître.

C'est aujourd'hui jeudi. Madeleine va voir sa couveuse ; mais les poussins ne sont pas encore éclos.

Madeleine prend un œuf sous la poule, le met dans son tablier, et l'œuf remue.

Dans deux jours, au plus tard, tous les poussins auront brisé la coque des œufs, et ils seront nés.

C'est maintenant samedi. Madeleine va voir de nouveau la poule. La couvée est parfaitement réussie.

Madeleine est enchantée de voir les poussins, s'agitant sous la mère, qui étend les ailes, qui fait la grosse...

La poule est sortie du nid ; les poussins la suivent. Ils marchent pour la première fois.

Qu'ils sont mignons, les poussins !

2.

Ils s'ébattent déjà autour de la mère; ils vont à droite, ils vont à gauche.

La poule glousse toujours. Les poussins lui répondent, en faisant : *pipipi, pipipi*...

Il fait beau temps, il fait très-chaud. Madeleine conduit dans la cour la poule et les poussins, et vite prépare de la nourriture.

— Petits... petits... petits!... dit Madeleine, en répandant de la mie de pain sur le gazon.

La poule accourt aussitôt. Les poussins suivent en trottinant.

Ils ont grand'faim. Ils mangent, ils boivent... ils mangent tout.

Ensuite la petite famille s'éloigne : poule et poussins vont se promenant dans la cour, de côté et d'autre...

Pendant deux ou trois mois, les poussins suivront la poule.

Pendant deux ou trois mois, la poule veillera sur eux, les entourant des plus grands soins.

La poule les défendra, si on les attaque. La mère donnera sa vie pour ses petits, s'il le faut.

Qu'il est grand l'amour d'une mère pour ses enfants !

Deux mois se sont écoulés. Les poussins sont devenus poulets.

Ils ne font plus *pipipi*; ils font *piou piou... piou piou piou...*

Dans quelques jours, les poulets quitteront la mère; ils se sépareront, et la famille se dispersera.

3

VI

Jean est un petit garçon de quatre ans et demi. C'est un charmant enfant.

Le matin, vers huit heures, il s'éveille; et tout de suite il demande qu'on le lève.

Il appelle Jeanne, sa sœur. Jeanne

arrive aussitôt, et son frère lui dit bonjour.

Jeanne habille son frère, le peigne, lui lave la figure, et les mains.

Puis, Jeanne fait faire la prière à son frère. Jean prie Dieu les mains jointes.

Quand le petit Jean a fait sa prière, il sort de sa chambre, et court dire bonjour à son papa, à sa maman.

Il les embrasse l'un après l'autre, en leur demandant s'ils ont passé une bonne nuit.

Le papa et la maman sont enchantés de leur petit Jean.

Jean a fait son devoir. Il faut maintenant qu'il s'amuse.

Il demande ses joujoux.... et le voilà parti dans la cour.

L'enfant s'amuse beaucoup. Il a un cheval et une petite voiture.

Il donne du foin à son cheval; il le conduit à la mare pour le faire boire, puis l'attelle à la voiture...

Jean a laissé de côté le cheval et la voiture, pour prendre son arc et ses flèches.

Maintenant il joue au chasseur : les poules sont les bécasses, les poulets sont les cailles, et les canards, les lièvres.

Il faut voir le petit chasseur, comme il se donne du mouvement.

Tantôt il poursuit une poule, tantôt un poulet, tantôt un canard.

Toute la pauvre volaille est dans une débandade complète : Poules, poulets et canards ne savent où fuir.

Mais le père de Jean sort dans la cour. La partie de chasse va finir.

— Jean! Jean! assez couru. Rentre, mon enfant; nous allons déjeuner.

VII

LA POUPEE.

Une poupée... oh ! la charmante poupée ! A qui donc est la poupée ?

La poupée si jolie, — vêtue d'une éclatante robe de soie, — coiffée d'un élégant chapeau de paille ?

La poupée est grande comme Gaston, petit enfant de quinze mois.

La poupée a le teint frais, les yeux bleus, les cheveux blonds et bouclés.

Sa taille est fine, et ses pieds mignons sont chaussés de bottines en satin noir.

La poupée si jolie appartient à la bonne petite Marie, enfant aimable, douce, obéissante surtout.

Son oncle, qui l'aime à la folie, lui en a fait cadeau, le jour de l'an.

Sois aimable, sois obéissante comme Marie, ma chère Zélima, et tu auras une poupée semblable.

On fait toujours des cadeaux aux enfants qui font au goût de leurs parents.

Que chacun de vous, petits amis, s'applique donc à obéir à son père, à sa mère, à ses maîtres.

VIII

JOUER AUX BILLES.

— Viens donc ici, Auguste.

— Pour quoi faire?

— Nous nous amuserons.

— A quoi veux-tu t'amuser?

— Au saut-de-mouton. Viens donc! viens donc!...

— Oh! il fait trop chaud, aujourd'hui, pour jouer au saut-de-mouton : on serait vite en sueur.

— Eh bien! à quoi jouer?

— Aux billes, si tu veux : on ne s'échauffe pas trop à ce jeu.

— Veux-tu que nous jouïons au vingt-et-un?

— Je le veux bien; mais prête-moi une bille : je n'en ai pas.

— Tiens! voici trois billes d'agate : choisis celle que tu voudras.

— Je prends celle-ci....

— Où ferons-nous le trou?

— Par ici, sur ce plan. Arrive et donne ton couteau...

— Tu fais le trou trop grand.

— Oh! que non : ce sera plus facile.

— Cette grosse pierre sera le but.

— Allons! tire le premier... Je suis plus près que toi.

— Ce n'est pas sûr : il faut mesurer.

— Voilà un brin de paille... Tu
vois que je prends juste.

— Bah! la différence est si petite,
si petite, si même il y en a une, qu'il
vaut bien mieux recommencer; puis,
je n'aime pas à chicaner, moi.

— Il n'en est pas de même de
Paul; il cherche toujours à tromper,
lui.

« Hier, par exemple, nous avions
fait ensemble deux parties, et nous
commencions la troisième...

» Nos deux billes paraissent être
à égale distance du but, et Paul se
disposant à mesurer, dit tout à coup :
« Ta mère qui vient te chercher! »

» Je me retourne aussitôt pour
voir, mais ce n'était pas vrai; c'était
une ruse de Paul, qui profite de cet

3.

instant pour reculer un peu ma bille, ce que je reconnais fort bien...

» C'était visible ; mais il ne voulut pas en convenir : alors je cessai de jouer, tu comprends. »

— Et tu fis bien ; mais moi, mon cher, tu peux être assuré que...

— Oh ! Je n'en doute pas.

Il a de mauvais principes, Paul, et s'il continue... « *Aujourd'hui, trompeur dans les petites choses, demain, dans les grandes,* » nous dit souvent le maître. « *Il faut être loyal en tout....*

Voyons ! tirons de nouveau, et toi le premier, à ton tour...

Les deux amis jouent, s'amusent tranquillement pendant plus d'une heure, sans qu'il s'élève entre eux la moindre contestation.

Enfants, imitez-les dans vos jeux : ne soyez point chicaneurs ; ne vous trompez point les uns les autres; soyez toujours francs, afin de devenir des hommes honnêtes et loyaux.

IX

LA TERRE, LE TEMPS, LES FÊTES.

La Terre, mes enfants, est un globe; c'est-à-dire qu'elle est ronde comme une boule.

La surface du globe terrestre comprend deux parties bien distinctes: l'eau et la terre.

L'immense étendue d'eau qui forme la plus grande partie de cette surface, se nomme Océan.

L'Océan se divise en plusieurs parties appelées Mers.

L'autre partie de la surface terrestre, c'est-à-dire l'étendue des terres, se divise en cinq parties, appelées les cinq parties du monde.

Ce sont: l'Europe, l'Asie, l'Afrique, l'Amérique et l'Océanie.

Nous sommes Européens, parce que nous habitons l'Europe.

Nous sommes Français, parce que la France, l'une des seize contrées de l'Europe, est notre patrie.

Nous sommes chrétiens, parce que nous reconnaissons le Christ comme fils de Dieu, comme notre Sauveur, comme chef de l'Église universelle.

Le temps s'évalue en années. Cent ans forment un siècle.

Il y a trois cent soixante-cinq jours dans l'année ordinaire.

Le jour se divise en vingt-quatre heures, l'heure en soixante minutes, et la minute en soixante secondes.

L'année se compose de cinquante-deux semaines.

Il y a, dans la semaine, sept jours, qui sont : Dimanche, Lundi, Mardi, Mercredi, Jeudi, Vendredi et Samedi.

Les douze mois de l'année sont : Janvier, Février, Mars, Avril, Mai, Juin, Juillet, Août, Septembre, Octobre, Novembre et Décembre.

Les mois se composent, les uns de trente jours, les autres de trente et un ; excepté le mois de février, qui, année ordinaire, n'a que vingt-huit jours.

———

En mémoire de Jésus-Christ, notre Sauveur, nous célébrons trois fêtes principales, savoir :

Noël, en mémoire de la naissance de l'enfant Jésus.

4

Pâques, en mémoire de la résurrection de Jésus.

La Pentecôte, en mémoire de l'envoi fait par Jésus du Saint-Esprit à ses Apôtres.

Nous célébrons encore :

La fête de l'Assomption, en mémoire de la sainte Vierge Marie.

La fête du Vendredi-Saint, en mémoire de la mort de Jésus.

La fête de l'Ascension, en mémoire du jour où Jésus s'éleva au ciel.

La fête de la Toussaint, en mémoire de tous les saints.

Pâques n'est pas une fête fixe, c'est-à-dire qu'elle n'est pas à la même date, chaque année.

Le Vendredi-Saint est le vendredi d'avant Pâques.

L'Ascension a été fixée au quarantième jour après Pâques.

La Pentecôte est dix jours après l'Ascension.

L'Assomption est toujours le quinze Août; la Toussaint, le premier Novembre; et Noël, le vingt-cinq Décembre.

X

UNE JOURNÉE D'ENFANT (SUITE).

(La liaison des mots n'est plus indiquée).

Le petit Jean, qui faisait si bien la chasse aux poules, aux poulets, aux canards, est maintenant à table.

Son père, sa mère et sa sœur y sont aussi. On déjeune. Il est dix heures.

Le petit Jean sait se tenir à table : il mange proprement, ni trop vite, ni trop lentement.

Il ne bavarde jamais à table, comme font les enfants mal élevés : il parle seulement quand il le faut.

Jean est très-poli. Quand il a besoin de pain, il dit : *Papa, du pain, s'il te plaît.*

Quand il veut boire, il dit : *Maman, donne-moi à boire, je te prie.*

Sa maman lui donne du vin et un peu d'eau : les petits enfants ne doivent pas boire de vin pur...

Le repas de la famille est fini. On est sorti de table.

Le petit Jean a pris son livre, et a prié sa maman de le faire lire.

Sa maman le fait lire : il est très-attentif, il fait des progrès.

Quand il sera plus grand, il ira en classe.

Le petit Jean a lu: Il est sorti; il est au jardin avec sa maman.

Il fait la chasse aux papillons; il les poursuit de fleur en fleur... Il en a attrapé une demi-douzaine.

Jean a laissé les papillons pour se lancer après les mouches...

Il voit une guêpe qui se roule dans la corolle d'une fleur.

Il veut la prendre.... il la prend ; mais la guêpe le pique.

Jean pousse un cri... la guêpe lui a fait du mal.

Sa maman, qui est au fond du jardin, accourt. Elle voit le mal : la main de Jean est déjà enflée.

Elle emporte l'enfant à la maison. Là, elle lave la piqûre avec de l'eau salée.

La douleur s'en va peu à peu, et Jean s'apaise.

Enfin Jean ne ressent plus guère de mal, et, après avoir longtemps pleuré, il s'endort sur les genoux de sa mère.

La mère porte l'enfant sur un lit... Jean dormira jusqu'au dîner.

4.

XI

UNE PROMENADE D'ÉCOLIERS.

LE MAÎTRE. — Mes enfants, je vous conduirai en promenade, jeudi prochain. Mais pour cela, il faut que vous soyez sages et que vous étudiiez bien. Ceux qui se conduiront mal n'y viendront pas : ce sera leur punition.

Le jeudi venu, le maître et les

élèves partent pour la promenade...
Il fait une grande chaleur.... Tous
les enfants ont quitté leur veste,
qu'ils portent sous le bras.... Ils
vont dans les champs. Ils voient de
tous côtés les braves ouvriers qui
travaillent. Là, ce sont des moissonneurs ; plus loin, des charroyeurs de
gerbes ; d'un autre côté, la bergère
qui garde son troupeau.

VICTOR. — Des moissonneurs là-bas,
voyez !... Combien sont-ils ? Deux,
quatre, six, huit, dix : ils sont dix.
Ils coupent du froment. Chaque moissonneur conduit son sillon : il coupe
une poignée de blé qu'il dépose à terre
sur un lien fait d'avance. Puis il coupe
une autre poignée qu'il réunit à la
première ; puis une troisième.... et
quand il voit qu'il y en a assez, il lie
le tout ensemble : la gerbe est faite.

5

ARMAND. — Moi, je sais comment se nomme le moissonneur qui prend le premier sillon : il se nomme le va-devant. C'est lui qui conduit la bande ; c'est lui qui, chaque matin, est chargé d'éveiller les autres. Il les éveille de grand matin, avant le jour… Le va-devant gagne plus d'argent que les autres moissonneurs. Il est le plus habile et a le plus de peine : il est bien juste qu'il soit le plus payé.

LE MAÎTRE. — Mes enfants, lorsque les moissonneurs auront fini de couper ce froment, ils assembleront les gerbes en tas. Ainsi disposées, elles resteront quelques jours sur le terrain, et pendant ce temps, le grain grossira et prendra même de la qualité.

ADOLPHE. — Que veulent faire ces gens, avec leur charrette, dans l'autre champ ?

EUGÈNE. — Ce qu'ils veulent faire? Ce n'est pas difficile à deviner : ils sont venus pour charroyer les gerbes; ils veulent les conduire à la ferme.... Tu vas les voir faire : les voilà qui vont se mettre à l'œuvre.

ARISTIDE. — Voyez! l'un enlève les gerbes au moyen d'une fourche et les présente à l'autre qui est sur la charrette. Celui-ci les prend et les place autour de lui en les disposant soigneusement les unes sur les autres. Il veut en faire une forte charretée.

LE MAÎTRE. — Et le petit garçon qui est devant la jument : il a aussi sa tâche à remplir. Avec le rameau qu'il tient à la main, il éloigne les mouches de la pauvre bête. Aujourd'hui, la mouche est piquante... Vous le voyez, enfants, en ce moment, il y a de la besogne pour tout le monde.

FERDINAND. — Tiens! Louison est arrivée au champ. La voyez-vous là-bas, assise sous ce vieux chêne? Elle file sa quenouille. Ses moutons sont dispersés çà et là, et son Médor, qui est si bon berger, est couché près d'elle.... Quand les moutons, parfois, sortent du champ, Louison n'a qu'à faire signe à Médor : Médor accourt et ramène promptement le troupeau...

LE MAÎTRE. — Quel mouvement il y a dans les champs, surtout en cette saison! Comme tout y est beau! Vous êtes dans l'admiration, n'est-ce pas? En effet, mes amis, ces choses sont bien belles; mais celui qui les a créées, celui qui est l'auteur de tout ce que nous voyons, DIEU, n'est-il pas plus admirable encore?

TOUS LES ENFANTS A LA FOIS. — Oh!

qu'il est admirable! qu'il est grand! qu'il est puissant! ce DIEU qui a tout créé, — depuis le grain de sable qu'on foule aux pieds, jusqu'à la mouche qui bourdonne à l'oreille; — depuis ces riches moissons qui couvrent la terre, jusqu'à ce soleil si brillant qui éclaire le monde entier!

XII

UNE JOURNÉE D'ENFANT (FIN).

Le petit Jean, qu'une guêpe a piqué, est sur son lit; il dort encore. L'heure du dîner est arrivée.

— Jeanne, dit la mère, va éveiller ton frère; le dîner est prêt; je vais mettre le couvert.

Jeanne monte dans la chambre, et écarte les rideaux du lit:

5.

— Jean ! Jean ! dit-elle, en remuant son frère, allons ! allons ! éveille-toi.

Jean s'éveille aussitôt et saute à bas du lit. — Je suis guéri, dit-il, je ne souffre plus. Et, suivi de sa sœur, il descend à la cuisine.

Il embrasse tour à tour son père, sa mère et sa sœur.

La douleur est-elle passée, mon ami ? dit la mère.

— Oh ! oui, bonne mère : je ne ressens plus rien.

— Tu ne t'aviseras plus de prendre des guêpes dorénavant ? ajoute le père.

— Non ! non ! bon père : les guêpes font trop de mal.

— Est-ce que les serpents piquent aussi fort que les guêpes ? demande le petit Jean.

Le père répond : — Mon ami, les

serpents ne piquent pas, ils mordent; mais la morsure d'un serpent est autrement dangereuse que la piqûre d'une guêpe.

« La morsure du serpent fait mourir, mon enfant. Ainsi garde-toi bien de te fourrer dans les haies, dans les broussailles, car c'est là qu'il y a des serpents.... »

La famille se met à table; le dîner commence. Jean a grand appétit: il a crié, puis il a dormi; maintenant, il a faim.

En un instant, il a mangé toute la soupe qu'on lui avait servie.

— En veux-tu davantage? mon fils, dit le père.

— *Non, merci, bon père; j'en ai suffisamment.*

Puis la maman verse à boire à l'enfant:

6

— *Merci, merci, bonne mère; j'en ai assez; je n'ai pas grand'soif.*

Est-il poli, ce petit garçon! Quand il demande, il ajoute toujours « *s'il vous plaît.* » Quand il reçoit ce qu'on lui donne, il dit « *merci.* »

Quand il ne veut pas accepter, il refuse en disant: « *non, merci.* » Il faut que tous les enfants soient polis comme le petit Jean....

Le repas est terminé. Les travaux de la journée sont suspendus jusqu'au lendemain. La famille est sortie.

Le père, la mère, le fils et la fille sont à faire un tour de promenade. Le temps est beau: c'est au mois de juin, vers la Saint-Jean...

On s'est promené pendant deux heures. Maintenant la nuit approche: la famille va rentrer....

Il est huit heures et demie. Les

cerfs-volants commencent à se mettre
en mouvement. Quelques-uns volti-
gent déjà çà et là.

Le petit Jean n'oublie pas de leur
faire la chasse: il a son mouchoir à
la main, prêt à abattre le premier
qui arrivera à sa portée.

Il en voit un qui se dirige vers lui.
Il l'attend au passage.... Il lance son
mouchoir; le cerf-volant tombe.

Jean ramasse l'insecte, en se gar-
dant bien toutefois de mettre son
doigt entre les deux cornes: un soir,
il a été pincé, et il sait ce qu'il en coûte.

Il saisit le cerf-volant par le dos,
puis le porte à sa sœur, qui l'enferme
dans une petite boîte.....

La promenade est finie. La famille
rentre. La nuit est venue; il est
temps d'aller au lit. Mais auparavant,
Jean fera sa prière.....

XIII

IL EST UN DIEU AU CIEL.

Il existe un DIEU, mes enfants. Il a existé et il existera de toute éternité.

Le soleil, la lune, les étoiles, la terre, — la mer, les animaux, les plantes : toutes ces choses ne se sont point créées d'elles-mêmes.

Il y a eu un créateur, et ce créateur, c'est DIEU.

Qui permet aux vents de souffler ?

C'est Dieu... Tantôt les vents soufflent dans un sens, tantôt dans un autre : qui permet cela ? c'est Dieu.

Quand le temps est à l'orage, il tonne : qui permet au tonnerre de gronder ? C'est Dieu.

Quand le ciel est couvert de nuages, il pleut souvent : qui permet à la pluie de tomber ? C'est Dieu encore.

Une graine est déposée dans le sol ; cette graine germe et produit une plante : qui permet cela ? c'est Dieu toujours.

Nous ne voyons pas Dieu, mes enfants : il est invisible, et cependant il est présent partout à la fois.

Ainsi Dieu est là, au milieu de nous. Il nous écoute, il nous entend ; il sait ce à quoi nous pensons ; il connaît même nos plus secrètes pensées.

Dieu est en même temps dans chaque maison : dans la cabane du pauvre comme dans le palais du riche.

Dieu est là-bas aussi, au milieu des champs. Enfin il est partout en même temps : Dieu remplit le monde ; mais on a coutume de dire qu'il est plus particulièrement au ciel.

Dieu est tout-puissant. Il a créé toutes choses de rien, de sa seule parole.

Il a voulu que le monde fût, et le monde a été.

Dieu a créé successivement le firmament, la terre, les mers, les plantes et les animaux.

Ensuite il a créé l'homme en le douant d'une âme capable de connaître et d'aimer son créateur : Dieu a fait l'homme à son image.

Dieu est juste et bon. Il veille continuellement sur nous tous.

Chaque jour, il fait produire à la

terre ce qui nous est nécessaire pour vivre : DIEU nous aime enfin !

Rendons à notre Créateur amour pour amour : *aimons Dieu de toute la force de notre âme*

XIV

LE RENARD ET LES RAISINS.

Un renard, quelque peu gascon, passait tout près d'un jardin. Il aperçut de beaux raisins à une treille.

Il s'arrêta un instant, admira les raisins, dont il aurait fait volontiers son repas ; puis continua son chemin, disant : « Je n'en veux pas, ils sont trop verts. »

Les raisins étaient bien mûrs, au contraire ; mais la treille était trop élevée, et il ne pouvait pas y grimper.

UNE BILLE ET UN COUTEAU TROUVÉS.

— Monsieur, dit Georges à son maître, que je suis content ! J'ai trouvé sur la route une bille et un couteau.

— Tu as trouvé et tu te réjouis, mon ami ! Mais pendant que tu es joyeux d'avoir trouvé, songe qu'un autre est chagrin d'avoir perdu...

Regarde plutôt au fond de la cour, et vois Charles qui pleure.

— Qu'est-ce donc qui le chagrine ?

— C'est qu'il a précisément perdu, sur la route, une bille et un couteau, et il sait que son père et sa mère...

— Oh! alors, monsieur, je vais sur-le-champ rendre à Charles ce qui lui appartient, et ses parents n'auront pas sujet de le gronder.

— Tu n'as, en effet, rien de mieux à faire, mon enfant.... Sache bien, à

l'avenir, que *tout ce que l'on trouve
n'est pas à soi.*

ÉMILE, LE BRAVE PETIT GARÇON.

Une vieille bonne femme se rendait
au village, chargée d'un lourd fardeau. Émile la rencontra.

— Donnez votre fardeau, brave
femme, dit-il, je le porterai jusque
chez vous. Je suis jeune et courageux ;
vous êtes âgée et faible.

En agissant de cette manière, Émile
fit une bonne action.

*Nous devons non-seulement respec-
ter les vieillards, mais encore nous devons les secourir au besoin.*

L'ÉCUREUIL.

L'écureuil est un joli petit animal,
qui habite les bois.

Il vit sur les arbres ; il saute de branche en branche ; il est vif et adroit.

L'écureuil est friand de noix et de noisettes. Son poil est long et soyeux ; sa peau fournit une riche fourrure.

Le plus bel ornement de l'écureuil est sa queue, grosse et touffue, dont les poils servent à faire d'excellents pinceaux pour les peintres.

LE LABOUREUR ET SES ENFANTS.

Un laboureur, avant de mourir, dit à ses enfants : « En vous laissant quelques pièces de terre pour héritage, je dois vous avouer qu'un trésor est caché dedans.

» Remuez la terre, bêchez, fouillez, vous ne manquerez pas de trouver ce trésor. »

De trésor point de caché ; mais les jeunes gens remuèrent si bien la terre que, l'année suivante, leurs champs produisirent double et triple récolte.

Le père avait voulu montrer à ses enfants que *le travail est un trésor.*

C'EST LA TERRE QUI TOURNE.

Il nous semble que, chaque jour, le soleil tourne autour de la terre ; mais il n'en est rien : c'est la terre qui tourne.

La terre tourne sur elle-même, dans l'espace de *vingt-quatre heures*, et le soleil reste immobile.

La terre, tout en tournant sur elle-même, accomplit une révolution autour du soleil, dans l'espace de *trois cent soixante-cinq jours, six heures et quelques minutes.*

XV

LE DIMANCHE. — TOUT NOUS VIENT DE DIEU.

Le dimanche, mes enfants, est le jour du repos ; c'est le jour du Seigneur.

Nos travaux de la semaine doivent être suspendus le dimanche.

Ce saint jour doit être consacré à la prière.

Dieu, notre père des cieux, veut que nous lui consacrions un jour sur sept : c'est dans ce but qu'il a sanctifié le dimanche.

Il veut que, le dimanche, nous pensions à lui d'une manière toute particulière. C'est bien le moins qu'un père puisse exiger de ses enfants.

Ne négligeons donc pas, chaque dimanche, pendant quelques heures au moins, d'élever nos âmes vers un père si bon, si sage, si grand.

Il est de notre devoir à tous, mes enfants, de ne pas oublier Dieu. Nous devons penser à lui, l'aimer, l'adorer.

Nous serions des enfants bien ingrats, si nous

ne remplissions pas un devoir si important.

N'est-ce pas de Dieu que nous tenons tout?

Il est le créateur de tout ce qui existe.

Il est le dispensateur souverain des choses humaines.

Il est le maître absolu de l'univers.

Prions-le sincèrement, il nous exaucera.

Prions-le surtout au nom de Jésus, son fils, en qui il a mis toute son affection.

Jésus-Christ a dit : Tout ce que vous demanderez à mon père en mon nom, il vous l'accordera.

Tout ce qui sert à nous nourrir, — le pain, la viande, les fruits, — c'est Dieu qui nous l'a donné.

Les toiles, les étoffes. .. tout ce qui sert à nous vêtir, est encore un don de Dieu.

Comment n'aimerions-nous pas Celui qui a si bien su pourvoir à tous nos besoins?

Le pain est fait avec de la farine; la farine provient du blé; et le blé a été semé par le laboureur.

Mais c'est Dieu qui a fait germer la graine, qui a fait pousser la plante, qui lui a fait produire un épi portant trente ou quarante grains.

Un grain en a donné trente ou quarante autres par la volonté de Dieu !

La viande est un produit des animaux, et les animaux se nourrissent de l'herbe des champs.

Mais c'est Dieu qui a fait croître l'herbe.

La toile est faite avec du fil; le fil est un produit du chanvre; et c'est le cultivateur qui a semé le chanvre.

Mais c'est Dieu qui a fait germer la graine et pousser la plante.

Nous tenons tout de Dieu, mes enfants, ne l'oubliez pas.

Dieu est notre père commun.

Or, *ne sommes-nous pas tous frères? et comme tels, ne devons-nous pas nous aimer réciproquement?*

XVI

QU'EST-CE QUE JÉSUS-CHRIST?

JÉSUS-CHRIST est le fils de Dieu, son fils unique. C'est notre Seigneur, c'est notre Sauveur.

Il est venu dans le monde pour détruire le péché, pour confirmer les hommes dans la foi, pour ranimer leur espérance.

Les *prophètes* avaient annoncé le Sauveur plusieurs siècles avant sa venue. Ils avaient prédit longtemps d'avance, sa vie, sa mort, son triomphe et son règne.

Les prophètes étaient des hommes inspirés de Dieu : ils connaissaient l'avenir.

Il y a plus de dix-huit cent ans, Jésus naquit à Bethléem, ville de Judée, en Asie. Il avait été conçu du Saint-Esprit.

Sa mère fut Sainte Marie, qui était de la postérité du roi David.

Notre Seigneur Jésus-Christ fut jeune comme vous, mes enfants; mais il fut beaucoup plus sage, beaucoup plus obéissant, beaucoup plus laborieux que vous.

Jamais l'enfant Jésus ne désobéit à ses parents, qu'il aimait du plus tendre amour. Il demeura longtemps avec eux, les aidant dans leurs travaux.

Ce fut à l'âge de trente ans que Jésus commença son ministère.

Alors il quitta ses parents, rassembla des disciples, et alla de ville en ville, de bourgade en bourgade, — instruisant le peuple, — consolant les affligés, — invitant les pécheurs à se repentir, — et prouvant, par des miracles, qu'il était le Sauveur promis au monde, le fils du Dieu vivant.

Jésus, d'une seule parole, guérissait des malades, — faisait marcher droit des boiteux, — rendait la vue à des aveugles, — ressuscitait des morts, c'est-à-dire les rappelait à la vie.

Partout où notre Seigneur passait, il faisait le bien, et il engageait les hommes à éviter le mal.

Le peuple, les pauvres l'aimaient, l'adoraient; mais les grands, parmi les Juifs, jaloux de son autorité, résolurent de le faire mourir.

Ils l'accusèrent devant *Ponce-Pilate* d'avoir voulu se faire roi.

Ponce-Pilate était le gouverneur de la Judée.

Pilate interrogea Jésus, et ne trouvant aucun crime en lui, il voulut le relâcher. Mais les grands, parmi les Juifs, s'écrièrent : « Nous voulons qu'il meure ! Que son sang retombe sur nous et sur nos enfants ! »

Il fallait que Jésus mourût : les prophètes

avaient prédit sa mort. Jésus devait mourir pour la rançon de nos péchés.....

On se saisit donc de lui; on le crucifia; et Jésus, mourant sur la croix, expia les fautes du genre humain : le bon Pasteur donna sa vie pour ses brebis.

Jésus, détaché de la croix, fut mis dans le sépulcre; mais il ressuscita le troisième jour après sa mort.

Sorti du tombeau, Notre Seigneur demeura encore quarante jours parmi le peuple.

Puis il quitta la terre, pour n'y revenir qu'à la fin du monde. Il s'éleva dans les cieux, où il alla s'asseoir à la droite de Dieu, son père, le père tout-puissant.

De là-haut, mes enfants, Jésus nous voit, nous écoute, nous entend. Que chacun de vous pense à lui; que chacun de vous le prie sincèrement : qui prie le fils, prie le père.

Notre Seigneur aime beaucoup les enfants sages; il les bénit. Au temps qu'il vivait parmi les hommes, il disait souvent: *Qu'on laisse venir à moi les petits enfants; heureux ceux qui leur ressemblent.*

XVII

MARTIAL, LE CHAT DU BOUCHER.

Enfants, vous avez dû voir quelquefois, dans la rue, ce gros chat gris, qui est si maigre : c'est Martial, le chat du boucher, notre voisin.

Écoutez bien, je vais vous conter l'histoire de ce chat.

Je vous dirai d'abord que Martial n'a jamais

été habile dans l'art d'attraper les rats. Il a été élevé au sein de l'abondance, et il s'est adonné à la mollesse.

Martial a longtemps vécu en prince. Quand il avait faim, il n'avait qu'à miauler : son maître lui donnait de la viande à discrétion.

Martial se rassasiait, puis gagnait le grenier, et là, s'étendait sur une vieille paillasse, où il dormait paisiblement jusqu'à la faim à venir.

Aussitôt qu'il se sentait appétit de nouveau, il descendait à la boucherie, recevait une nouvelle ration, mangeait bien encore, et retournait sur la vieille paillasse.

Telle a été l'existence de Martial, pendant presque toute sa jeunesse.

Ce chat, plus heureux que la plupart des autres, n'avait pas à se donner de peine pour chercher sa subsistance.

On lui donnait de la viande à volonté: qu'avait-il alors besoin d'inquiéter les rats? Aussi les laissait-il parfaitement tranquilles.

Les rats faisaient leurs nids dans la paillasse même, mangeaient le grain, gâtaient tout dans le grenier. Martial ne les dérangeait point.

Il paraît même que quelques-uns d'entre eux, les plus hardis, avaient fini par se familiariser tellement avec le chat, qu'ils allaient souvent lui rendre visite, et qui plus est, ne se gênaient guère pour lui grimper sur le dos, pendant qu'il dormait.

Martial recevait tous les jours les rats en amis : sans doute il les prenait pour des petits frères.

Bien plus encore : on ajoute qu'une méchante souris s'avisa, une fois, d'aller se nicher dans l'oreille de Martial.....

Enfin, tout lui reprochait sa paresse ! Une araignée, vigilante comme celles dont vous avez certainement remarqué le travail, s'était avisée de tendre sa toile sur la tête de Martial. Elle n'avait pas craint d'établir là sa tente, sa maison, car elle était persuadée que notre paresseux était mort, ou tout au moins profondément endormi. En réalité, Martial ne bougea pas...

Mais cet état de choses ne pouvait toujours durer. Les rats fourmillèrent bientôt dans toute la maison ; nombre de dégâts furent commis par eux, de sorte que le boucher finit par s'apercevoir que son gros et gras Martial ne s'occupait guère de détruire cette maudite engeance, et qu'il lui fallait changer de système à son égard.....

En effet, après ces réflexions, la première fois que le chat se présenta à la boucherie, il n'y fut pas bien reçu : le boucher commença par prendre son fouet, sangla deux ou trois bonnes fois maître Martial, et le conduisit grand train au grenier.

La pauvre bête, sans mal précisément, mais toute confuse, alla tristement se poser sur sa paillasse, patienta un instant, puis redescendit, pressée par la faim.

Martial miaula, miaula, mais inutilement; et, quand son maître fut bien las de l'entendre, il fit jouer le fouet de nouveau....

Martial, désormais, devait pourvoir à ses besoins. Il prit son parti en brave : pressé par la nécessité, il résolut de rompre avec ses amis les rats, et se disposa immédiatement à leur faire la guerre.

Il se coucha en rond sur la paillasse, et là attendit quelques-uns de ses visiteurs habituels.

Il n'attendit pas longtemps : un gros rat déboucha presque aussitôt du fond du grenier, et arriva *peti peta* dans l'intention de présenter ses respects à l'ami Martial.

Martial se met en garde. Le rat, sans défiance, grimpe sur la paillasse. Le chat met la patte dessus, le déchire et le croque tout à l'aise..... C'était son premier.

Il en put attraper de cette manière deux ou trois autres; mais ce fut tout. Quelques rats, témoins de la dernière prise, s'étaient hâtés d'avertir leurs camarades.

Il est bien entendu qu'à partir de ce moment, messieurs les rats se gardèrent d'aller visiter cet hypocrite de Martial, qu'ils avaient jusque-là pris pour la crème des chats.

Martial fut donc contraint de faire la chasse; mais quel triste chasseur! A peine a-t-il pu, jusqu'à ce jour, surprendre par-ci par-là, quelques jeunes rats des plus étourdis.

Il y a longtemps qu'on ne lui donne plus rien à la boucherie. Depuis, il a donc été forcé de vivre chichement. Aussi, de replet qu'il était, est-il devenu extrêmement maigre.

Martial avait commencé trop tard son apprentissage dans le métier de prendre les rats. Il n'a jamais pu acquérir cette adresse, ni cette agilité nécessaires.

Il a bien voulu, parfois, tenter certains stratagèmes; mais ils ne lui ont presque jamais réussi.

Une fois, entr' autres, après s'être roulé dans de la farine, il était allé se blottir dans un coin du grenier : on aurait dit un tas de farine.

Mais un vieux rat, venu de Normandie, Ratapon, qui avait perdu sa queue à la bataille, aperçut, le premier, le prétendu bloc de farine. Il devina aussitôt la ruse, et s'empressa de faire signe à toute la racaille.

Enfin, Martial a fini par devenir gourmand. Maintenant, il ne vit plus que de rapine : c'est une véritable peste pour tout le voisinage. Tout le monde lui fait la guerre

S'il n'est pas assez subtil pour attraper les rats, il ne manque pas d'adresse, lorsqu'il s'agit d'ouvrir, avec sa patte, un buffet ou un placard qui n'a pas été bien fermé.....

Voilà à peu près, mes chers enfants, l'histoire du chat Martial. Que cette histoire soit pour vous une leçon utile !

Ne vous adonnez pas à l'oisiveté, à la mollesse; prenez l'habitude du travail, pendant que vous êtes jeunes ; formez-vous au travail ; faites avec soin votre apprentissage, quand il sera temps, afin de vous mettre en état de subvenir à vos besoins plus tard.

En ce moment, vos parents vous nourrissent, vous entretiennent; mais cela durera-t-il toujours? Non. Quand vous serez grands, ils cesseront de le faire.

Vous serez alors livrés à vous-mêmes; et, si vous ne saviez pas gagner honorablement votre vie, que deviendriez-vous? des rapineurs? des voleurs? Ah ! mes amis, prenez-y bien garde.

> Ne vous laissez jamais aller à la paresse;
> Faites tous vos devoirs avec la même ardeur.
> Le dégoût suit toujours l'indolente mollesse;
> La peine surmontée augmente le bonheur.

XVIII

QUESTIONS & RÉPONSES

PRINCIPES DE MORALE.

Si un autre t'a fait du mal, dois-tu lui en faire autant ?

Non : je ne dois pas me venger.

La vengeance est donc une mauvaise chose ?

Certainement. Au lieu de nous venger, nous devons faire du bien à ceux qui nous ont fait du mal.

Qu'est-ce que voler ?

C'est prendre ce qui appartient à un autre.

Est-ce bien de voler ?

C'est très-mal.

Pourquoi le trouves-tu mal ?

Parce que je ne serais pas content, si l'on prenait ce qui est à moi.

Si tu trouves quelque chose qui appartienne à un autre, que dois-tu faire ?

Je dois le lui rendre sans retard.

Pourquoi ?

Parce que si je le gardais, je serais un voleur.

Qu'est-ce que médire ?

C'est dire du mal de quelqu'un.

Est-ce bien de dire du mal de quelqu'un ?

C'est abominable.

A quoi reconnais-tu que la médisance est une mauvaise chose ?

A ceci : que je ne serais pas content qu'on dît du mal de moi.

Qu'est-ce qu'obéir à ses parents et à ses maîtres ?

C'est faire de bon cœur tout ce qu'ils nous commandent.

Est-ce qu'ils nous commandent quelque chose de mal ?

Jamais.

Pourquoi ?

Parce qu'ils nous aiment.

Est-il bien de jurer ?

Non, c'est très-mal. Le bon Dieu n'aime pas les enfants qui jurent.

BIENSÉANCE ET PROPRETÉ.

Que dois-tu faire, quand, dans la rue, tu passes à côté de quelqu'un?

Je dois me découvrir.

Que dois-tu faire, lorsque tu entres dans un lieu où il y a une ou plusieurs personnes?

Je dois me découvrir et saluer tout le monde.

Si l'on te donne quelque chose, que dois-tu dire en recevant cette chose?

Je dois dire : Je vous remercie, *monsieur*, si c'est un homme; Je vous remercie, *madame*, si c'est une femme.

Quand un monsieur t'adresse la parole, comment dois-tu lui répondre, si c'est oui ou non qu'il y a à dire, seulement?

Je dois dire : Oui, *monsieur*, — ou : Non, *monsieur*, selon le cas.

Si c'est une dame qui t'adresse la parole ?

Je dois dire : Oui, *madame*, — ou : Non, *madame*.

Si c'est une demoiselle ?

Je dirai : Oui, *mademoiselle*, — ou bien : Non, *mademoiselle*.

Il ne faut donc jamais répondre *oui* ou *non* tout court?

Sans doute, à peine de passer pour un enfant mal élevé.

Quand le maître t'adresse laparole, en classe, que dois-tu faire?

Je dois écouter avec attention et répondre poliment.

Dans quel état dois-tu être, lorsque tu te présentes en classe?

Je dois être propre.

Qu'est-ce qu'être propre?

C'est n'avoir pas ses vêtements déchirés, ni sales; c'est avoir les cheveux bien peignés; c'est avoir les mains, la figure et les oreilles bien nettoyées.

La propreté est-elle une bonne chose?

Certainement, car elle entretient la santé.

Comment dois-tu te conduire à l'égard de tes livres, de tes cahiers, de tous les objets qui te sont utiles en classe?

Je dois éviter de les tacher et de les écorner, je dois m'en servir avec précaution et les bien soigner.

Pourquoi?

Parce que ces objets coûtent de l'argent, et que l'argent n'est pas toujours facile à gagner.

DE LA LECTURE.

Dans quoi lit-on ordinairement?

Dans les livres.

De quoi sont faits les livres?

De papier.

Qu'y a-t-il sur ce papier ?

Des lettres, qui forment des mots.

Combien y a t-il de lettres dans l'alphabet ?

Il y en a vingt-cinq.

Qu'est-ce que savoir lire ?

C'est savoir déchiffrer les mots qu'il y a dans les livres.

Suffit-il de savoir déchiffrer les mots ?

Non, il faut encore savoir ce qu'ils signifient; autrement il ne servirait de rien de savoir lire.

Quand tu es embarrassé sur la signification d'un mot, que dois-tu faire ?

Je dois chercher ce mot dans le dictionnaire, et voir ce qu'il signifie.

Qu'est-ce qu'un dictionnaire ?

C'est un livre qui contient tous les mots, et qui donne leur signification.

XIX

ERNESTINE, LA MENTEUSE.

Qui connaît Ernestine?... La méchante enfant! C'est un démon. Elle n'a que huit ans, elle a tous les défauts : Gourmandise, espièglerie, vanité, etc. Pauvres parents, ceux qui la possèdent, qu'ils sont à plaindre !

Un jour, Ernestine était restée seule à la maison. Son père était parti dès le matin pour la campagne, et sa mère s'était absentée pour un moment.

Madame Martin (c'est le nom de la mère d'Ernestine) avait, contre son habitude, laissé la clef au buffet.

Ernestine ne manque pas l'occasion : elle ouvre le buffet, et entame un pot de confiture. Elle prend la confiture avec les doigts ; elle mange, elle mange à la hâte, puis referme le buffet.

Sa mère rentre presque aussitôt. Elle voit la petite gourmande toute barbouillée, la figure et les mains.

— Qu'as-tu fait, ma fille? tu t'es permis d'ouvrir le buffet et tu as mangé de la confiture ?

— Non, maman.

— Que dis-tu, petite menteuse ? tu en as la figure et les mains pleines.

— Non, maman, je t'assure que je n'y ai pas touché.

Madame Martin va au buffet et s'aperçoit bientôt que tout le pot de confiture y avait passé.

— Tu seras punie, menteuse et gourmande,
dit-elle à sa fille, en s'efforçant de prendre son
sérieux.

Mais la pauvre mère est si bonne, si faible
pour sa fille, qu'un instant après elle eut tout
oublié.

Un autre jour, Ernestine se trouvait seule dans
la cuisine. Elle déjeunait. Sa mère était dans la
chambre, en haut, à faire le ménage.

Ernestine, après avoir fini sa soupe, eut l'idée
de jouer avec la soupière. Elle la place sur sa
tête et veut faire le tour de la table. Mais la
soupière ne tarde pas à perdre l'équilibre : elle
tombe et se brise en plusieurs morceaux.

Ernestine, sans s'émouvoir, appelle sa mère,
qui descend aussitôt.

— Tu vois, maman, la soupière, dit la petite
fille, c'est le chat qui l'a cassée. J'avais mangé
ma soupe, j'avais laissé la soupière sur le bord
de la table, le chat y est monté et l'a fait tomber.

— Ma fille, c'est toi qui as cassé la soupière,
le chat est dans ma chambre.

— Non, maman, je te jure, c'est le chat.

— Misérable enfant ! comme tu mens grossiè-

rement! Cette fois tu seras punie assurément :
tu resteras enfermée dans la chambre, pendant
deux heures, un livre à la main. Allons, mademoiselle, montez et hâtons-nous.

La petite mauvaise a beau voir sa mère en
colère, elle ne la supplie pas ; elle ne songe
même pas à lui demander pardon. Elle monte,
prend un livre et s'assied sans mot dire.

La mère, qui l'a suivie, ferme la porte et re-
descend.

Ernestine ne reste pas longtemps assise : elle
s'approche du feu, remue les cendres, met tout
sens dessus dessous dans la cheminée, dérange
tout dans la chambre.

Puis, ne sachant plus qu'imaginer pour faire
mal, elle se met à crier de toutes ses forces, disant :

— *Je brûle! je brûle! à mon secours!*

Madame Martin, qui travaillait dans la cuisine,
entend ces cris : elle accourt, ouvre la porte et
trouve la petite espiègle riant aux éclats. Elle
blâme sa fille et retourne à son ouvrage.

Un quart d'heure s'écoule ; Ernestine crie de
nouveau :

- Maman ! maman ! je brûle ! je brûle !

La pauvre mère, dans toute incertitude, monte encore.

Même espièglerie. Cette fois elle trouve Ernestine faisant semblant de lire.

— Mon Dieu ! quand seras-tu plus sage, ma pauvre enfant ? lui dit-elle. Mais si tu recommences, je te préviens que ce soir tu auras du pain sec.

Ernestine ne se met guère en peine de cette menace, rien ne lui fait, rien ne la touche ; elle a si mauvais cœur !

C'est un vrai démon que cette Ernestine ; elle ne connaît que le mal, elle ne sait faire que le mal. Mais tôt ou tard elle subira la peine de ses fautes. Dieu, dans sa justice infinie, ne laissera pas impunis les mensonges, les espiègleries, les défauts de tout genre de cette méchante enfant ; il la châtiera sévèrement.

En effet, dernièrement il est arrivé un grand malheur à Ernestine. Elle avait encore fait quelque sottise, et sa mère l'avait mise en pénitence dans la chambre.

Seule, Ernestine n'était pas restée longtemps

en paix ; et, selon sa détestable habitude, elle était allée jouer autour de la cheminée.

Ernestine , Cendrillon ressuscité , approche trop près des tisons : le feu prend à sa robe et tout à coup sa robe flambe.

En un instant , les flammes atteignent les mains, la figure, tout le corps de la petite imprudente. Elle s'écrie :

— *Au feu! je brûle, maman!*

Sa mère était occupée dans la cuisine. Elle entend bien les cris ; mais comme elle pense que c'est encore une espièglerie d'Ernestine, elle ne se presse pas de monter.

Cependant les cris redoublent et deviennent déchirants ; madame Martin quitte son ouvrage et accourt...

Quel horrible spectacle s'offre à ses yeux ! En pénétrant dans la chambre, elle voit sa fille tout en feu, qui se roule sur le plancher.

La malheureuse mère reste un instant immobile et défaillante ; mais, ayant repris ses sens, elle se précipite sur son enfant et parvient à étouffer le feu.

Elle appelle du secours ; on arrive, on s'empresse, et, tout d'abord, on croit Ernestine morte...

On prodigue à l'enfant tous les soins possibles et l'on finit par la rappeler à la vie. Ernestine est brûlée sur toute la surface du corps, la figure surtout.

Elle en guérira sans doute ; mais elle portera toute sa vie les marques du feu. Elle était belle, elle ne le savait que trop ; maintenant elle sera laide, défigurée ; mais peut-être sera-t-elle meilleure, plus modeste et plus sage.

Enfants, reconnaissons le châtiment de Dieu dans cet accident. Dieu a été sévère ; il a voulu que la méchante petite fille restât victime toute sa vie, victime de ses mensonges, de ses espiègleries.

Que chacun de vous, mes amis, se garde bien de mentir : *Le mensonge est un vice odieux.*

Les suites du mensonge sont presque toujours funestes. Le menteur est détesté de tout le monde: *On ne croit pas ce qu'il dit, même quand il dit vrai.*

XX

PETITES POÉSIES DU LIVRE D'OR

QUATRAINS MORAUX EXTRAITS DE DIVERS AUTEURS.

Notre vie est si courte ! il la faut employer ;
Instruisez-vous, enfants, dès l'âge le plus tendre.
Vous serez malheureux si vous cessez d'apprendre ;
Et c'est un jour perdu qu'un jour sans travailler.

Pour s'instruire de son devoir,
Il est toujours temps de s'y prendre ;
On rougit de ne pas savoir,
Jamais on ne rougit d'apprendre.

Combien on doit aimer ses frères et ses sœurs !
Que ces liens sont doux ! Ensemble, dès l'enfance,

Unis par les devoirs, unis par la naissance,
Où trouver des amis et plus sûrs et meilleurs?

———

Il ne se faut jamais moquer des misérables;
Car qui peut s'assurer d'être toujours heureux?
Les autres, à leur tour, seront impitoyables,
Si vous n'avez été compatissant pour eux.

———

A quoi vous servirait d'avoir de la richesse,
Si ce n'était, enfants, pour aider le prochain !
Logés, vêtus, nourris avec délicatesse,
Songez combien de gens n'ont pas même de pain !

———

Il faut, autant qu'on peut, obliger tout le monde;
On a souvent besoin d'un plus petit que soi.
Reçoit-on un bienfait, qu'un bienfait y réponde :
Il se faut entr'aider, c'est la commune loi.

———

La politesse est à l'esprit
Ce que la grâce est au visage :
De la bonté du cœur elle est la douce image,
Et c'est la bonté qu'on chérit.

Ne dites jamais : A demain,
Pour adoucir une blessure ;
Donnez aux pauvres du chemin,
Donnez sans compter : Dieu mesure.

———

Évitez le mensonge avec un soin extrême.
Si l'on remarque en vous peu de sincérité,
L'on ne vous croira pas, lors même
Que vous direz la vérité.

———

Ne parler jamais qu'à propos
Est un rare et grand avantage ;
Le silence est l'esprit des sots,
Et l'une des vertus du sage.

———

L'abeille puise sa richesse
Dans le calice de la fleur.
La sagesse est au fond du cœur,
La vie au fond de la sagesse.

MÉTHODE SIMPLE ET FACILE

POUR APPRENDRE A LIRE LES NOMBRES.

I. — Les Chiffres.

1 un.

2 deux.

3 trois.

4 quatre.

5 cinq.

6 six.

7 sept.

8 huit.

9 neuf.

0 zéro.

Lire les chiffres suivants :

1	2	3	4	5	6	7	8	9	0
0	9	8	7	6	5	4	3	2	1
5	0	2	9	3	8	7	4	1	6

II. — Les Dizaines.

1 dizaine	10	dix.
2 dizaines	20	vingt.
3 dizaines	30	trente.
4 dizaines	40	quarante.
5 dizaines	50	cinquante.
6 dizaines	60	soixante.
7 dizaines	70	soixante-dix.
8 dizaines	80	quatre-vingts.
9 dizaines	90	quatre-vingt-dix.
10 dizaines	100	cent.

Lire les nombres suivants de cette manière : 10 ou une dizaine,
20 ou deux dizaines... etc.

10 20 30 40 50 60 70 80 90 100

100 90 80 70 60 50 40 30 20 10

50 30 80 10 70 60 100 40 90 20

III. — Nombres de deux chiffres.

1	2	3	4	5	6	7	8	9
10	20	30	40	50	60	70	80	90
11	21	31	41	51	61	71	81	91
12	22	32	42	52	62	72	82	92
13	23	33	43	53	63	73	83	93
14	24	34	44	54	64	74	84	94
15	25	35	45	55	65	75	85	95
16	26	36	46	56	66	76	86	96
17	27	37	47	57	67	77	87	97
18	28	38	48	58	68	78	88	98
19	29	39	49	59	69	79	89	99

100

1ᵉʳ EXERCICE. — L'Élève lira les nombres d'abord dans le sens vertical (de haut en bas: **10, 11, 12,** etc.); puis dans le sens horizontal (de gauche à droite : **10, 20, 30,** etc.), et enfin sans suivre aucun ordre.

2ᵉ EXERCICE. — L'Élève décomposera les nombres ainsi : **10** ou **1** dizaine; **11** ou **1** dizaine et **1** unité... **19** ou **1** dizaine et **9** unités,.. etc.

IV. — Les Centaines.

NOMBRES DE TROIS CHIFFRES.

1	2	3	4	5	6	7	8	9
10	20	30	40	50	60	70	80	90
100	200	300	400	500	600	700	800	900
101	211	321	431	541	651	761	871	981
102	212	322	432	542	652	762	872	982
103	213	323	433	543	653	763	873	983
104	214	324	434	544	654	764	874	984
105	215	325	435	545	655	765	875	985
106	216	326	436	546	656	766	876	986
107	217	327	437	547	657	767	877	987
108	218	328	438	548	658	768	878	988
109	219	329	439	549	659	769	879	989
110	220	330	440	550	660	770	880	990

1er EXERCICE. — *L'Élève lira les nombres d'abord dans le sens vertical, puis dans le sens horizontal, enfin sans suivre aucun ordre.*

2e EXERCICE. — *L'Élève décomposera les nombres comme suit :* 101 *ou 1 centaine, pas de dizaine, 1 unité ;* 211 *ou 2 centaines, 1 dizaine, 1 unité... ainsi de suite.*

V. — Récapitulation

DES NOMBRES DE DEUX ET TROIS CHIFFRES.

10	221	80	300	65	150	96	100
130	81	110	67	241	21	322	62
47	180	88	261	11	342	53	423
500	97	524	33	443	28	362	98
21	615	35	101	39	700	89	625
544	46	466	68	382	60	102	55
77	726	31	645	17	564	57	483
103	61	104	73	584	86	665	13
27	685	75	105	74	900	43	827
766	69	847	41	928	45	106	93
78	867	32	948	25	968	54	887
107	87	877	23	109	63	988	85

1er EXERCICE. — *Lecture des nombres dans le sens vertical, puis dans le sens horizontal.*

2e EXERCICE. — *Décomposition des nombres en centaines, dizaines et unités.*

VI. — Les Mille.

1 000	mille.
2 000	deux mille.
5 000	cinq mille.
10 000	dix mille.
20 000	vingt mille.
50 000	cinquante mille.
100 000	cent mille.
200 000	deux cent mille.
500 000	cinq cent mille.
900 000	neuf cent mille.
1 000 000	mille mille ou un million.

Pour lire les nombres on les partage en tranches de 3 chiffres.

TRANCHE DES

MILLIONS.			MILLE.			UNITÉS SIMPLES.		
Centaines.	Dizaines.	Unités.	Centaines.	Dizaines.	Unités.	Centaines.	Dizaines.	Unités.

VII. — Les Mille. La Numération.

TRANCHE DES

Nombre	MILLIONS.			MILLE.			UNITÉS SIMPLES			Nombre
	Centaines.	Dizaines.	Unités.	Centaines.	Dizaines.	Unités.	Centaines.	Dizaines.	Unités.	
1 000										10 000
2 000										11 000
3 000										14 000
4 000										19 000
5 000										22 000
6 000										37 000
7 000										45 000
8 000										51 000
9 000										63 000
1 001							7	0	9	74 000
1 005						4	2	3	1	80 000
1 009						3	0	5	8	99 000
1 010						1	0	0	2	12 001
1 011						8	0	0	0	15 007
2 014					9	3	2	6	1	28 009
2 029					5	0	3	0	4	30 013
2 037					7	1	0	9	0	47 025
3 071				1	0	5	2	4	6	53 057
3 091				9	2	5	0	0	0	61 080
4 100				8	0	0	0	0	0	70 090
4 300			7	5	2	8	4	7	1	83 100
5 600			5	0	0	0	6	2	5	91 200
5 900		4	1	2	0	8	0	0	0	17 904
6 304	9	0	4	0	0	3	4	0	0	27 450
6 007										31 918
7 459										40 009
7 610										60 500
8 322										94 820
8 950										46 666
9 609										68 732
9 425										79 823
9 990										85 042

355 120 — 490 000 — 3 210

1 009 — 460 000 — 18 461

1er Exercice. — Étude de l'intérieur du tableau et lecture des nombres à gauche et à droite.

2e Exercice. — Décomposition des mêmes nombres.

PARIS — IMPRIMERIE ÉDOUARD BLOT, RUE SAINT-LOUIS, 46

www.ingramcontent.com/pod-product-compliance
Lightning Source LLC
LaVergne TN
LVHW050609090426
835512LV00008B/1406